铁路货运岗位作业培训教材

铁路货物班列运输

《铁路货运岗位作业培训教材》编委会　编

中国铁道出版社有限公司

2024年·北　京

内 容 简 介

本书为《铁路货运岗位作业培训教材》中的一种，内容包括快运货物班列开行、快运货物班列调整、班列组织、班列现场作业与系统操作、安全风险及管控措施、典型案例等内容。本书立足国家职业标准、铁路行业标准、规章制度的要求，结合新技术、新设备、新业务的发展与运用，重点突出铁路货物班列运输作业人员应知应会、实作技能、应急处置、案例分析，具有较高的科学性、规范性和实用性。

本书可供铁路货物班列运输作业人员培训与自学使用，也可作为相关管理人员的参考用书。

图书在版编目(CIP)数据

铁路货物班列运输/《铁路货运岗位作业培训教材》编委会编.—北京:中国铁道出版社有限公司,2021.6(2024.1 重印)
铁路货运岗位作业培训教材
ISBN 978-7-113-27871-7

Ⅰ.①铁… Ⅱ.①铁… Ⅲ.①铁路运输-货物运输-岗位培训-教材 Ⅳ.①U294.1

中国版本图书馆 CIP 数据核字(2021)第 059320 号

书　　名:**铁路货物班列运输**
作　　者:《铁路货运岗位作业培训教材》编委会

责任编辑:安　琪　　　　**编辑部电话**:(010)63583273
封面设计:郑春鹏
责任校对:孙　玫
责任印制:高春晓

出版发行:中国铁道出版社有限公司(100054,北京市西城区右安门西街 8 号)
网　　址:http://www.tdpress.com
印　　刷:三河市国英印务有限公司
版　　次:2021 年 6 月第 1 版　2024 年 1 月第 2 次印刷
开　　本:880 mm×1 230 mm 1/32　印张:2　字数:35 千
书　　号:ISBN 978-7-113-27871-7
定　　价:10.00 元

编 委 会

前　言

当前，我国铁路事业实现了长足发展，高速铁路、高原铁路、高寒铁路、重载铁路等领域技术已达到世界领先水平。近年来，一批新建和改造的货场、物流基地投产，货车、装卸设施设备更新升级，货运信息化建设水平提高，都为货运发展植厚了根基，同时也对货运系统职工队伍素质提出了新的更高要求。

人才培养，是新时代提高服务质量、保障运输安全的基石；职工培训，是满足铁路向现代物流企业转型、提供高素质技能人才支撑的重要途径。铁路货运业务涉及范围广，岗位工种分类细，规章数量多、关联性强、修改频繁，迫切需要梳理和建立一套完善的专业培训教材。教材不仅是劳动者终生教育和职业生涯发展的主要工具，而且是提高培训质量的重要保障。为此，广州局集团公司聚焦“交通强国、铁路先行”，组织开发了实用性、针对性、操作性强的《铁路货运岗位作业培训教材》。

《铁路货运岗位作业培训教材》由广州局集团公司货运部、职工培训部共同牵头组织，广州货运中心、长沙货运中心、衡阳职工培训基地分工负责，集中了优秀工程技术人员、工匠、首席技师编写及审定。教材涵盖了铁路货运基础知识、铁路货运票据电子化、铁路货运劳动安全、货物装载加固及超限超重运输、铁路集装箱运输、铁路鲜活货物运输、铁路货物班列运输、铁路货车篷布运用、铁路专用线货物运输、铁路货物保价及损失处理、特种设备和特种作业、铁路货运计量安全检测设备运用、铁路抑尘作业、铁路货物运输计费 14 个方面的专业内容。教材坚持继承与创新相结合，充分体现了新技术、新设备、新业务的发展与运用；教材坚持科学性与规范性，依据铁路行业标准的基本要求编写，准确体现了国家职业标准、铁路行业标准、规章制度的要求；教材坚持实用可行性原则，重点突出了应知应会、实作技能、应急处置、案例分析，既便于现场职工培训与自学，又利于管理人员提高工作水平。

本套教材适用于货运各工种适应性培训，也适用于职工新职、转岗、晋升的资格性培训和职业技能鉴定培训。在教材编写与审定过程中，得到了湖南高速铁路职业技术学院、北京扬天科技有限公司以及广州局集团公司有关部室、单位的大力支持，在此一并表示感谢。

《铁路货运岗位作业培训教材》编委会

2021 年 5 月

目　　录

第一章　概　　述

随着各种运输方式之间的竞争日趋激烈，为凸显铁路运输在物流市场中所具有的运输规模优势，推出了快运货物班列运输产品。快运货物班列具有稳定性强、时效性高的特点，有效地提高了服务质量，提升了铁路运输在白货物流市场中的竞争力，促进了现代物流发展。

第一节　班列的基本分类

快运货物班列是指在固定发到站间，有固定车次和运行线、明确的开行周期和运行时刻，按客车化模式组织开行的货物列车。

一、按照速度等级分类

1. 特快班列

特快班列指使用最高运行速度 160 km/h 的 25 T 等专用车辆编组，原则上按不低于 2 200 km/日标准铺画运行图。

2. 快速班列

快速班列指使用符合最高运行速度 120 km/h 技术

标准的货车编组，原则上按不低于 1 000 km/日标准铺画运行图。快速班列包括中欧班列、快速货物班列、多式联运快速班列等。

3. 普快班列

普快班列指使用按普通货车标尺运行的普通货车编组，原则上按不低于 800 km/日标准铺画运行图。包括：中亚班列、普快货物班列、多式联运普快班列等。

二、按照性质分类

1. 图定班列

图定班列指按照中国国家铁路集团有限公司(简称国铁集团)公布的列车运行图指定的装车站、始发站、运行径路等技术条件开行的“白货”货物列车。包含特快班列、快速班列、快速集装箱班列、普通集装箱班列。特快班列车次范围 X1～X199；快速班列车次范围 X201～X2998、X8001～X9998。

2. 点对点班列

点对点班列指按照货物运到时限和车流情况，通过组织装车站始发或编组站集结始发开行到一局同枢纽的“白货”货物列车。中国铁路广州局集团有限公司(简称广州局集团公司)，“点到点”列车车次范围 79671～79830。

3. 临时加开班列

临时加开班列指根据客户短期货源需求临时开行的

"白货"货物列车。

注:"白货"是指铁路运输中,把发运货物品类中除了煤炭和焦炭之外的货物。

三、按组织管理模式分类

1. 公共平台班列

公共平台班列指港口开行的海铁联运班列、对开行基本组没有要求的班列、客户承诺车数不满足开行基本组要求的班列,按照先到先得,订满为止的原则,每日敞开受理客户订单需求。

2. 协议开行班列

协议开行班列指班列客户与货运中心签订班列协议,承诺班列组织频次、每列开行车数且该班列所有客户协议承诺车数不低于班列开行基本组要求的班列。

第二节 信息系统简介

系统名称为货运班列管理信息系统,如图 1-2-1 所示。涉及模块:5 日内的客户订舱数据(车种、车数、箱型),次日空车需求核实(货源核实、站存车数、配空车数、货源落空原因)、临时加开申请等。

图 1-2-1　货运班列管理信息系统界面

第三节　管 理 职 责

一、铁路局集团公司

1. 负责管内班列运输的日常管理，指导各货运中心(站段)组织班列开行。

2. 负责起草或审核班列开行方案。

3. 负责向国铁集团上报有关跨局班列开行方案及班列变更内容。

4. 按要求负责参加国铁集团班列新图编制会。

二、货运站段

1. 负责班列开发、班列日常组织、班列维护。

2. 负责参加协调会、收集班列开行信息、向调度所提报班列开行计划、盯控空车配送到位和重车取送情况、班列正晚点盯控、建立台账等。

3. 负责实时货源情况掌握、协调和汇报班列开行所出现的问题、适时回访客户、宣传推广、开行效果的分析与优化。

4. 负责安检查危、安全协议签订的检查指导。

三、货运车间

1. 负责营销策划、市场调研、确定客户需求、牵头编制初步班列开行方案、参加协调会。

2. 负责实时货源情况掌握、协调和汇报班列开行所出现的问题、适时客户回访、宣传推广、开行效果的分析与优化。

3. 负责日常安检查危工作、对接客户了解班列货源情况、向货运中心(站段)调度值班室提报运输计划、落实了解空车情况、落实车站取送车时间节点、建立台账等。

第二章　快运货物班列开行

第一节　基本条件

一、快运货物班列方案编制

1. 班列装卸作业点要有相对固定的作业场地，必要的仓储设施，具备整列或成组装卸车作业能力。

2. 班列发到技术站具备相应技术作业能力。

3. 快运货物班列开行方案装卸站应尽可能集中装卸车，组织直达化开行，中途局无甩挂组织。方案装车或卸车站原则上应不跨局、装卸车站总量各不超6个，且应在1个枢纽内组织，特殊情况不超2个枢纽。

4. 军事运输、超限、超重和限速运行的货物，危险货物等不得纳入快运货物班列运输。散堆装大宗货物原则上不纳入快运货物班列运输。

二、图定班列方案编制

1. 跨局快运班列应具备稳定、均衡的货源，特快、快速班列开行周期要达到每日开行1列的条件（中欧班列除外）。普快班列开行周期要达到至少2日开行1列的条件（中亚、沿江除外），并具备向每日开行1列发展的潜力。拟新增入图的快运货物班列方案应先通过直达列车或“点对点”班列等方式组织试运，达到上述标准后方可提报入图方案。

2. 临时新增快运货物班列原则上按普通货物列车 80 km/h 的运行速度标尺进行组织，具备每周开行 3 列，每列不少于 30 辆的条件，特殊情况除外。

注：特殊情况是指国铁集团指定的特需形式。

第二节 申报新增图外班列开行流程

班列开行申报流程如图 2-2-1 所示。

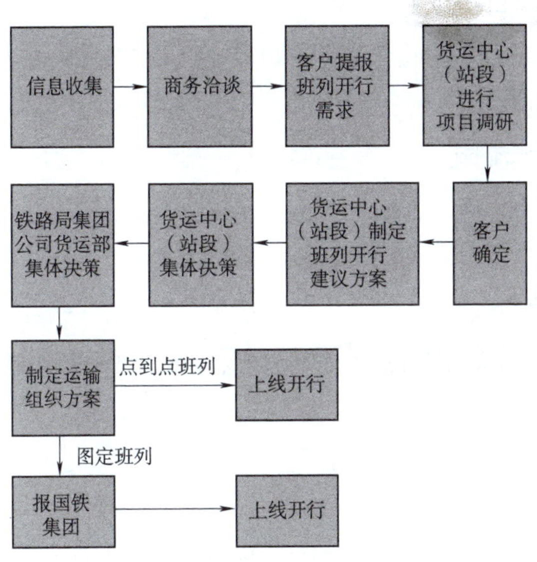

图 2-2-1 班列开行申报流程

一、信息收集

营销人员日常走访市场及项目调研时应注意信息收集，初步掌握管内货源、物流、政策信息，重点了解以下情况：

1. 地方总体情况

地方产业结构、物流总运量、港口、重点企业及物流园的分布、季节性货源情况变化。

2. 重点生产企业

企业产量及主要销售地、原材料需求量及来源地、运输模式、时效要求。

3. 港口码头

港口货物吞吐量、进出口货物所占比例、主要货物品名及发到区域。

4. 物流园

专线价格、运输时效、开行频次及发往各主要城市运量。

5. 地方政策

地方补贴、限行、环保等政策，地方重点项目、工程进度跟盯。

二、商务洽谈

根据客户提报的需求以及日常收集的营销信息，营销人员可组织相关客户进行商务洽谈，探讨班列开行的可行性。商务洽谈主要对接以下内容：

1. 价格

根据客户提报的价格需求，营销人员与客户洽谈运价方案。

2. 时效

了解该方向公路专线时效，并通过铁路运距测算班列时效。

3. 场地

营销人员向客户介绍货物装卸车场地，同时需介绍相关车站的取送能力、货场装卸能力、场地运用情况（仓库货位情况、股道运用情况）。

4. 铁路运输相关要求

营销人员向客户说明铁路运输安全管理要求、运价考核政策、运费支付方式、班列开行基本条件等信息。

三、申请提报

客户提出班列项目申请，营销人员指导客户填记“货物班列项目申请表”报车间，车间需填写“新增班列项目车间初审表”并加盖公章反馈至货运中心（站段），转由货运中心（站段）主导调研对接工作。货运中心（站段）核实相关材料，提出初步意见，基本符合班列开行条件的，应于收到客户申请后的 3 个工作日内对申请项目予以编号立项、建立台账，开展项目调研；不符合开行条件的，书面回复客户。

货运中心（站段）根据市场情况，也可以提出新开班列建议，报班列管理小组研究同意后进入项目调研环节。

四、项目调研

完成班列项目立项后，货运中心（站段）应在相关车间配合下完成以下项目调研：

1. 走访客户

了解客户基础货源情况、班列项目启动时间、预期班列开行频次、预期运量等。

2. 市场货源调查

了解物流市场班列方向货源品类、货量、时效及与现行班列是否产生影响。

3. 运输组织能力调查

勘察货场场地条件，了解单批作业能力、装卸能力、股道使用情况、仓库使用情况；与车站对接，了解取送能力、机车使用情况、施工天窗等信息。

五、客户确定

由客户申请开行的班列，当仅有一个客户申请增开班列且承诺每列开行车数达基本组要求，此客户为班列协议客户，新增班列由该客户独立运营。

当同一方向有多个客户同时提出新增班列开行申请，由货运中心（站段）牵头组织调度值班室、营销科、相关车间及客户召开协调会，协商新增班列舱位分配合作方案。如客户间同意合作且承诺每列合计车数达基本组要求时，均为班列协议客户，合作运营班列。当客户需求超过满能力仓位时，按客户申请的有效需求比例进行分配。如有多个客户承诺能满足基本组要求运营班列且不同意合作运营，则由最早提报班列申请的客户优先选择每周班列开行时间点，剩余时间点由其余客户选择。相关会议纪要由货运中心（站段）负责拟定，并于协调会后次日完成。

新增开行的班列，由货运中心（站段）负责在班列拟定组织装车站货运营业厅进行公示，公示期内提出申请的客户每列合计开行车数达到基本组要求时，所有客户均列为拟开行班列协议客户。

拟开行班列协议客户确定后，本班列培育期内不再受理其他客户申请。

六、开行建议方案

货运中心（站段）根据车间提报的“新增班列项目车间初审表”及项目调研情况制定班列开行建议方案。

开行建议方案需包含班列种类、班列启动时间、开行频次、发到技术站、装卸车站、装车货源、编组内容、运行径路、全程时效、发到运行时刻、装卸车股道、装卸设备、预期运量等信息。

七、集体决策

由货运中心（站段）领导牵头组织相关部门集体讨论（班列管理小组），实行“一票否决制”，参会部门均同意时，班列组织进入运输组织方案确定环节，货运中心（站段）填写并审核“广州局集团公司货物班列运输项目立项表”(附录1)并报铁路局集团公司货运部，经同意后推进后续工作。不具备开行条件时重新调研并将信息及时反馈给客户。货运中心(站段)于会后拟定班列管理小组会议纪要，参会部门进行签认。

八、运输组织方案确定

铁路局集团公司货运部同意班列开行建议方案后，由货运中心(站段)组织召开协调会并拟函上报，申请召开由铁路局集团公司相关部门和班列客户参加的协调会，确定班列运输组织方案。会议应充分听取和考虑客户需求，重点讨论班列运行线条、装车站点组织、车源箱源、开行时间、运行时效、货源集结、车辆取送及相关技术作业等问题。

协调会应确定班列运输组织正式方案，并形成会议纪要。对于非图定班列，由货运中心(站段)根据会议纪要，递交请求班列开行的申请。

九、增开图定班列

铁路局集团公司货运部审理货运中心(站段)开行建议方案，并核实快运货物班列货源情况和运输需求，分析现行快运货物班列兑现率，结合运输能力条件，经集体研究决策，形成本铁路局集团公司快运货物班列开行建议方案，以正式文电报国铁集团货运部。专业运输公司除遵循以上办理流程外，还应征求所属地铁路局集团公司同意后，共同提出班列开行建议方案。管内开行的快运货物班列变更或取消方案时由铁路局集团公司货运部审核办理，未经批准不得自行变更或取消快运货物班列方案。

入图快运货物班列由国铁集团统一规定车次和编组内容，明确列车使用机型和运用方式、最大牵引定数和列车换长、编组辆数、编组顺序及中途作业等内容；跨局快运货物班列运行线要在发到（技术）站间按照对应班列种类的技术标尺全程贯通。

十、增开点到点班列或临时加开班列

增开点到点班列或临时增开的快运货物班列由铁路局集团公司调度命令确定车次和编组内容、最大牵引定数和列车换长、列车运行径路及中途作业等内容。

十一、上线开行

铁路局集团公司同意开行班列后，在班列开行前，客户单位负责人及现场操作人员应经过相关安全知识与业务培训，货运中心（站段）与班列协议客户签订相关协议。

开行首列时，货运中心（站段）相关业务科室应派员现场指导。

货运中心（站段）应密切与班列客户对接货源情况，对班列作业各时间节点进行写实并对班列时效进行全程追踪，确保班列稳定开行。

第三章　快运货物班列调整

第一节　原　　则

快运货物班列调整总体原则是与既有班列客户达成共识,以不影响班列开行为前提,以增运增收为目的。包含运输组织调整、舱位分配调整及班列客户调整三种情况。

第二节　运输组织调整

快运货物班列运输组织调整主要包括发到站调整、班列节点时间调整、运行径路调整。调整流程如下:

1. 客户根据自身需求提报书面申请。

2. 车间收到申请后与车站对接,根据货场场地条件、车站取送能力、同方向货源客户意见,会同车务评估客户申请事宜是否具备可行性。如具备可行性,车间提出建议报告货运中心(站段)。如不具备可行性,书面说明原因回复客户。

3. 货运中心(站段)提出班列调整建议,经班列会议集体讨论、审核后,形成书面材料报铁路局集团公司货运部。如班列调整建议未通过，货运中心（站段）将信息及时反馈给客户。

4. 铁路局集团公司货运部同意班列调整建议后，由货运中心（站段）申请召开由铁路局集团公司相关部门和班列客户参加的协调会，调整班列运输组织方案，并整理会议纪要。

第三节　舱位分配调整

拟调整舱位时，客户提报书面申请，接到申请后货运中心（站段）组织相关科室和班列客户召开协调会。需减少既有客户舱位时，需与既有客户达成共识，客户合计承诺班列每列开行车数不得少于基本组。客户需增加舱位时，要告知其他既有客户，舱位有空余时，满足客户需求，需求超过满能力舱位时，按原有协议车数的比例进行分配或增加开行频次。

第四节　班列客户调整

班列客户调整分为班列客户新增和班列客户退出两种情况。

一、班列客户新增

班列新增客户提出申请后，货运中心（站段）应咨询该班列既有客户意见。

如班列既有客户同意新客户加入，货运中心（站段）组织相关科室和班列客户召开协调会，就舱位重新分配事宜进行商讨。

如班列既有客户不同意新客户加入，既有班列出现下列情况时新客户方可进入：

(1)既有班列客户协议车数不足满轴90%。

(2)开行频次不足每周5列的情况时。

(3)既有客户没有加舱申请。

确认新增客户符合条件后，货运中心（站段）组织相关科室和班列客户召开协调会，按以下原则分配舱位：

(1)不影响既有班列客户舱位分配时，新增客户直接进入。

(2)影响既有客户舱位分配时，新老客户能达成共识时，可以统筹需求，重新分配舱位；不能达成共识的，新客户可按班列开行时间间隔单独开行。

(3)多个客户提出申请时，按提报时间优先原则处理。

二、班列客户退出

班列客户退出班列经营需向货运中心（站段）提报书面申请。货运中心（站段）收到申请后与班列其余客户对接，收集其余客户意见、统计班列开行数据（开行频次、车数、空车率）形成班列会议材料，重点分析该客户退出对班列影响、制定班列后续开行方案。经班列会议集体讨论通过后，货运中心（站段）组织相关车间、班列既有客户、有意加入班列客户召开协调会，重新分配舱位，如协议车数达不到基本组要求时，终止该班列所有客户班列协议，该趟班列转入公共平台班列。

第四章 班列组织

第一节 货运组织

一、开行计划组织

货运中心(站段)按如图 4-1-1 所示组织班列开行。

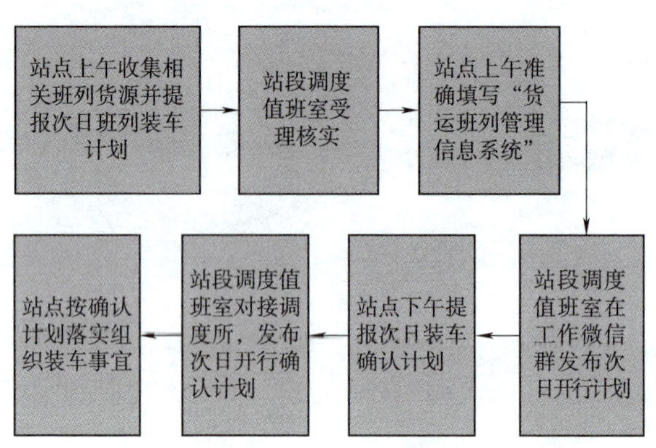

图 4-1-1 货运中心(站段)班列开行组织流程

二、货位运用组织

由于班列运行时刻固定,同非班列货物相比,班列货物装卸车作业具有时间要求高这一特征显著,因此对现场装卸车作业要求较高。

各站点要和客户约定提报班列计划时间，了解客户货源情况后与车站联系，统筹协调站场、货位的运用组织，保证班列货物堆存位置合理，避免翻柜、装卸线路迂回等问题，在站场、货位运用上确保装卸作业的高效。

集装箱堆场应划分箱区箱位，在地面作出明显标识，留有检查作业通道。办理站按箱位管理集装箱，到发箱分开堆码，空箱和重箱、自备箱和铁路箱宜分区堆码，与其他货物不得混堆，须保持安全距离。

鉴于“白货”货源具有偶然性较多的特点，装车车间要与客户约定最晚交车时间及限制时间段装车数，以避免货源集中到达货场。

三、装卸组织

为保证班列的正点开行以及班列运行途中的安全，各班列装卸站点要合理安排站场、货位运用，卡控装卸车作业质量，严格落实车前会、监装卸制度。

第二节　行 车 组 织

一、取送车组织

由于班列有固定车次和运行线、明确的开行周期和运行时刻，对时效性要求较高，取送车作业是衔接装卸作业和班列出发的重要环节。

班列装卸车站点应根据班列的到发时间、现场装卸能力以及作业实际情况，与车务部门定时沟通车辆取送车作业时间，保障预留装卸作业时间充足、作业完毕车辆能及时发运。

如遇装卸设备故障等特殊情况，班列装卸车站点应及时向相关部门汇报，加强与车务部门沟通，协商解决问题。

二、运行监控

由于班列正点率受制约的环节较多，为提高客户满意度，相关部门应对班列的运行进行监控，分析班列晚点的主要原因，针对经常发生的问题，提出整改措施，同时做好客户的解释工作。

对于运行途中发生货装安全问题的班列，相关部门应尽快解决问题。

第三节　日需求运力分配

运输能力能满足客户需求时，货运中心(站段)先按会议纪要/班列协议舱位进行分配，剩余舱位按客户需求分配。运输能力不足，无法兑现客户所有需求时，对于多站组织的班列，货运中心(站段)应根据铁路内部运输组织原则确定每站运力分配车数，对一站组织的班列，按班列会议纪要/班列协议舱位按比例进行分配。

第四节 班列维护

一、数据统计

1. 日常班列制票数据统计

车间及站点安排专人每日分车次对班列制票的主要指标进行统计，填写《货物班列开行计划表》(附录2)并上报货运中心(站段)有关科室及上级有关部门，此数据铁路局集团公司货运部将作为班列调图的依据。

2. 日常班列开行计划提报

车间及站点安排专人每日9时30分提报次日班列初步开行计划，货运中心(站段)有关科室15时提报次日班列最终开行计划并上报铁路局集团公司调度所。

3. 月度数据统计

货运中心(站段)每月3日需对上月图定班列开行情况进行专题分析，重点分析对未达到国铁集团开行兑现率要求的班列所产生的原因及增量措施，并报告铁路局集团公司货运部。

二、次月"点到点"班列申请

货运中心(站段)每月与班列客户对接，了解班列客户次月货源情况，收集"点到点"班列开行信息，每月26日前将次月"点到点"班列开行月计划上报至铁路局集团公司货运部。

三、调图建议

每次新运行图实施后，货运中心（站段）需及时了解班列客户的货源变化情况及运输需求，并与相关运输站段对接，在下次调图前填写《新图快运货物班列方案优化调整需求建议表》和拟写新图班列优化方案，以正式文件报铁路局集团公司货运部。

四、客户回访

营销人员不定期走访班列客户，了解货源变化情况、班列开行问题，并形成写实报告。

五、组织召开协调会

货运中心（站段）可根据班列客户提出的书面诉求或根据班列开行情况改变（如班列政策变化、设施设备故障、发到站限制、城市公路限行等），视情况组织召开协调会。

六、班列卸车

货运中心（站段）需及时联系调度所和车务站段，了解掌握班列到达信息，及时督促车务站段按时取送，压缩最后一公里时间，实现按标准时间入线。同时将班列入线时间信息及时反馈收货人，做好出货准备。

1. 安排卸车货位、货仓、劳力、机具做好接卸准备。委外卸车需督促按合约时间完成卸车。

2. 卸车作业时如发生设备故障、货物溜塌、人身安全等意外情况及时处理并向相关部门汇报。

3. 卸车作业完毕后需检查道沿清理、进仓货物码放、集装箱堆码是否符合要求。

第五节　班列考核

一、兑现率考核

特快、快速班列方案(中欧和市场培育期内的班列除外)兑现率不足80%,普快班列方案(中亚、沿江班列和市场培育期内的班列除外)终到紧张去向兑现率不足80%和其他去向兑现率不足50%的,在编制快运货物班列新增入图开行建议方案时,原则上应予取消。

新开行快运货物班列给予半年市场培育期,培育期内免予考核。

二、货物班列开行质量考核

为更好地打造快捷货运品牌,对货物快运列车、特快货物班列、快速货物班列和普快(管内城际)货物班列开行质量进行考核。

具体考核标准根据《广铁集团运输组织考核办法(修订)的通知》(广铁〔2016〕313号)及《广铁(集团)公司关于发布〈广铁集团运输组织考核办法(修订)〉部分条款修改内容》(广铁〔2017〕102号)相关规定执行。

第五章　班列现场作业与系统操作

第一节　客户预报发运计划

客户预报班列发运计划，站点通过货运班列管理信息系统的“客户需求和空车需求上报”模块（图 5-1-1）维护 5 日内的客户订舱数据（车种、车数、箱型），同时核实次日空车需求（货源核实、站存车数、配空车数、货源落空原因，如图 5-1-2 所示），做好次日班列空车请车工作。

针对客户临时加开快运货物班列的需求，站点在货运班列管理信息系统的“临时加开申请”模块（图 5-1-3）填报客户订舱、核实货源、需要配送的空车数等信息。

第二节　集装箱班列

集装箱班列的开行严格落实铁路局集团公司公布的列车运行图或调度命令发布的开行周期、车次、运行径路、速度标尺、编组内容和装卸场地等。

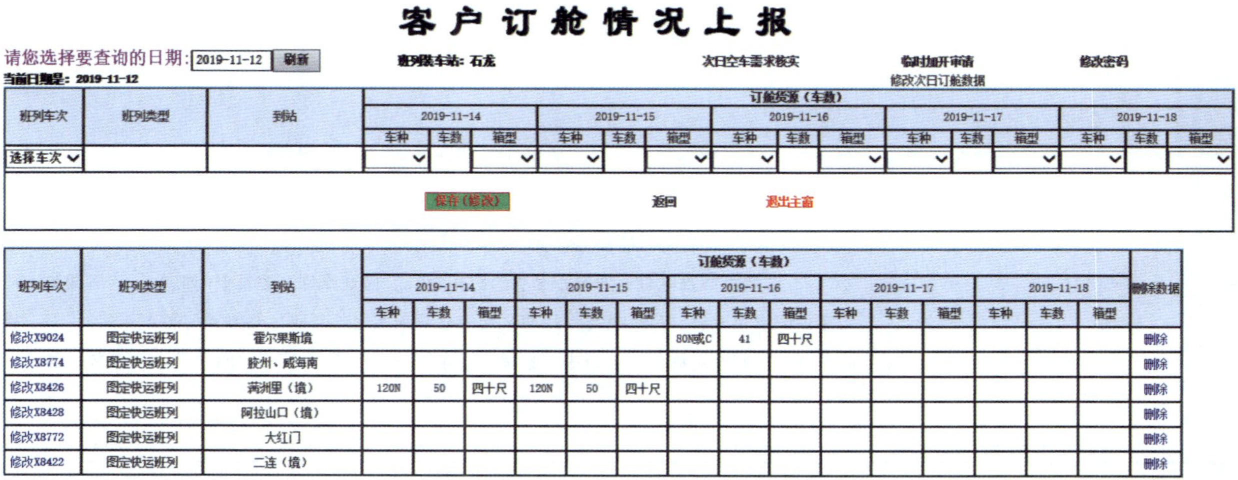

客户订舱情况上报

请您选择要查询的日期：2019-11-12 刷新　　班列发车站：石龙　　次日空车需求核实　　临时加开申请　　修改密码

当前日期是：2019-11-12　　修改次日订舱数据

班列车次	班列类型	到站	订舱货源（车数）														
			2019-11-14			2019-11-15			2019-11-16			2019-11-17			2019-11-18		
			车种	车数	箱型	车种	车数	箱型	车种	车数	箱型	车种	车数	箱型	车种	车数	箱型
选择车次																	

保存（修改）　　返回　　退出主窗

班列车次	班列类型	到站	订舱货源（车数）															删除数据
			2019-11-14			2019-11-15			2019-11-16			2019-11-17			2019-11-18			
			车种	车数	箱型	车种	车数	箱型	车种	车数	箱型	车种	车数	箱型	车种	车数	箱型	
修改X9024	固定快运班列	霍尔果斯境							80N或C	41	四十尺							删除
修改X8774	固定快运班列	胶州、威海南																删除
修改X8426	固定快运班列	满洲里（境）	120N	50	四十尺	120N	50	四十尺										删除
修改X8428	固定快运班列	阿拉山口（境）																删除
修改X8772	固定快运班列	大红门																删除
修改X8422	固定快运班列	二连（境）																删除

图 5-1-1　客户订舱情况上报

空车需求情况上报

请您选择要查询的日期：2019-11-14 刷新　　　　班列装车站：石龙　　　　关闭窗口

当前日期是：2019-11-14

车站	到站	班列类型	班列车次	客户订舱	核实货源	站存可用120KM/H车数	需要配送的空车数					可用返程车底	是否可以车种代用或降速开行	使用箱型	货源落空原因
							X(Nx)	其中120KM/H平车	C	P	其中120KM/H棚车	返回车次			
石龙	满洲里（境）	图定快运班列	X8426	50									否		
			合计：	50	0	0	0	0	0	0	0				

保存(修改)　　　　关闭窗口

说明：

1. 请在每日 9 时前，根据核实后的实际货源提报空车需求。未按规定时间录入的，视为“无货落空”。
2. 注意“需要配送的空车数”，是需要调度所从外站调入的空车数，不包括“站存可用的车数”。
3. 货源核实为“0”时，注意录入落空原因。“客户订舱”是客户在前一日预定的车数。

图 5-1-2　空车需求情况上报

临 时 加 开 班 列 申 请

2019-11-13 刷新　　　　关闭窗口

计划日期：2019-11-13　　　　操作人：石龙

装车站	班列车次	班列类型	到站	客户订舱	核实货源	需要配送的空车数						备注说明
						X(NX)	其中 120KM/H平车	C	P	其中 120KM/H棚车	是否可以降速开行	
石龙	选择车次											

审请

装车站	班列车次	班列类型	到站	客户订舱	核实货源	需要配送的空车数						状态	开行车次	备注说明	
						X	其中 120KM/H平车	C	P	其中 120KM/H棚车	是否可以降速开行				

图 5-1-3　临时加开班列申请

一、集装箱班列装车流程

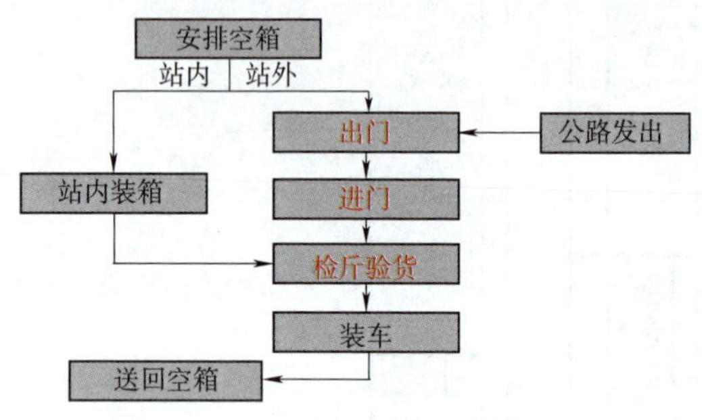

图 5-2-1　集装箱班列装车流程

二、具体步骤

1. 集装箱班列客户网上预订铁路箱。

2. 车站根据客户提报的铁路通用箱预订信息安排站内可用空箱。

3. 客户补填箱号。

4. 自备箱及其他箱型箱类直接“填写运单”(包括特种箱、中欧班列专用箱、重去重回)。

5. 在电商系统填记物品清单、增加班列相关货运记事和戳记及采集证明文件。

6. 集装箱进出站或站内装箱。装箱要求:按照班列协议规定的品类及安全要求装箱。

7. 检斤验货。

8. 计费制单,根据实际作业补充班列运输相关记事,如图 5-2-2 所示。

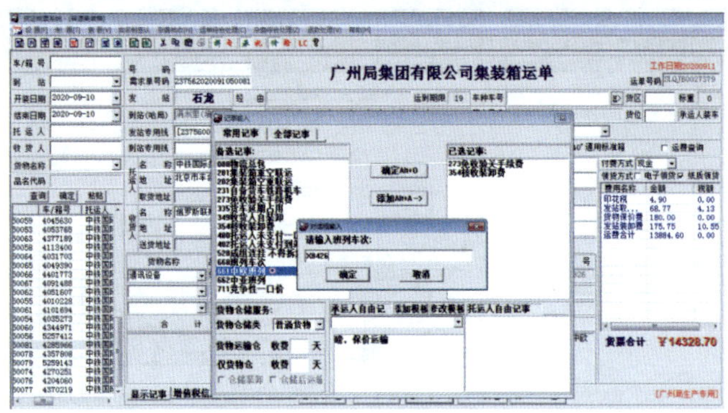

图 5-2-2　客户提报需求

9. 集装箱装车。

10. 通知取车。

第三节　整车班列

整车班列的开行严格落实铁路局集团公司公布的列车运行图或调度命令发布的开行周期、车次、运行径路、速度标尺、编组内容和装卸场地等。

一、整车班列装车流程

整车班列装车流程如图 5-3-1 所示。

二、客户提报需求

客户在电商平台提报需求时,应填写托运人、收货人、货物、增值税、保价等有关信息。当货物品名超过一种时,需填记物品清单,如图 5-3-2 所示。

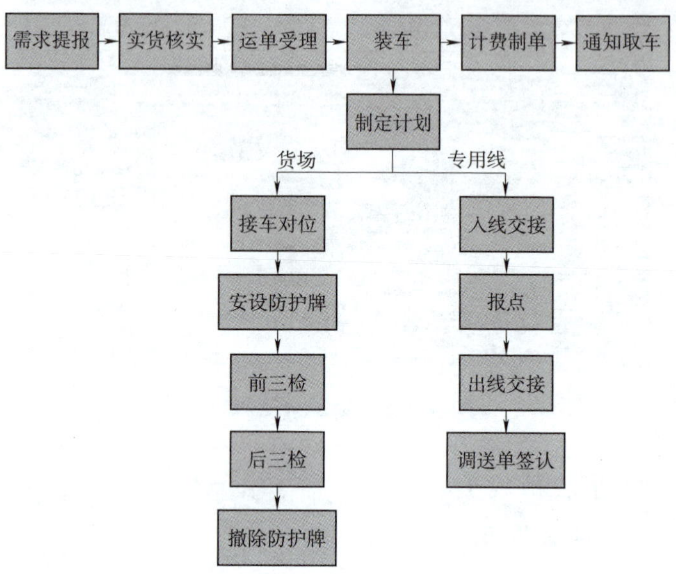

图 5-3-1 整车班列装车流程

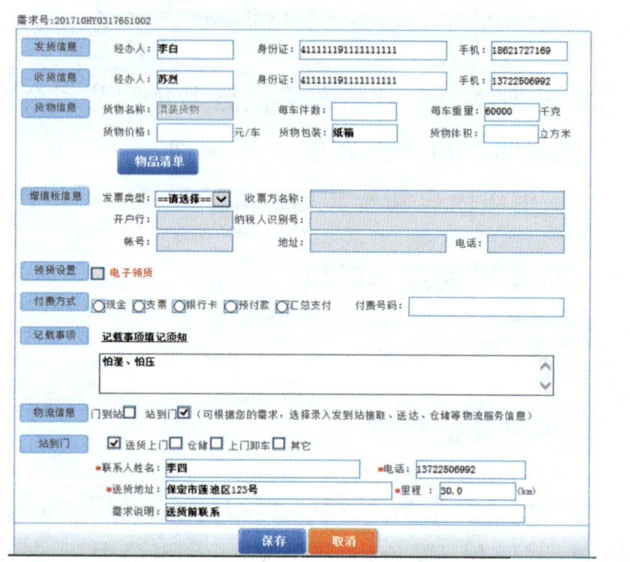

图 5-3-2 客户提报需求

三、车站受理需求

车站对客户提报的需求实货核实，在电商系统确认后，进行运单受理，如图 5-3-3 所示。

图 5-3-3　车站受理需求

四、货车质量检查

快运货物班列装车前，要认真按照《铁路货物运输管理规则》的规定检查待装车辆，技术状态不良的车辆严禁使用。

五、进货装车

1. 信息核对。
2. 货物进站。

3. 货位分配。

4. 根据进货的运单信息，在货运站系统进行整车货场进货操作。

5. 货物安全检查。

6. 装车。

(1)组织配装货物

通过安检的货物进入待装区，按车将待装货物做好分配，分区分类码放，形成装车物品清单。物理化学性质相抵触，有异味、有污染、易腐等对其他货物有影响的货物不得混装。

(2)车前会

外勤货运员填写“派班通知单”，召开车前会，向装卸工组交代安全注意事项，根据实际情况在货运站系统录入防护信号设置时间和开始作业时间。

(3)组织装车

监装货运员对照装车物品清单核对装车情况，并按规定进行巡检记录，不得漏签、代签。装车货物品名和件数严禁超出装车物品清单范围。装卸工组严格按照《铁路货物装卸安全技术规则》进行作业，禁止野蛮装车。不错装、不漏装，巧装满载，防止偏载、偏重、超载、倒塌、坠落。掌握、盯控作业进度，合理调配装卸作业能力，实现均衡作业。

(4)质量验收

货物装载加固应符合相关技术标准。检查货物有无错装、漏装，装载是否均衡合理、堆码稳固。检查门窗盖阀关闭及施封情况。检查道沿清理是否符合要求,车体外部清扫是否干净。核对和整理余货,货位清扫是否干净。

(5)剩余货物处理

对安检或装车检查发现的危险货物,应报铁路公安部门依法处理;其他余货,联系托运人提出处理意见,可移交托运人拉出货场或与下批货物合并发运。

(6)系统录入

装车完毕后,在货运站系统"装车后三检"修改物品清单(删除品名或修改件数、重量),如图 5-3-4 所示。

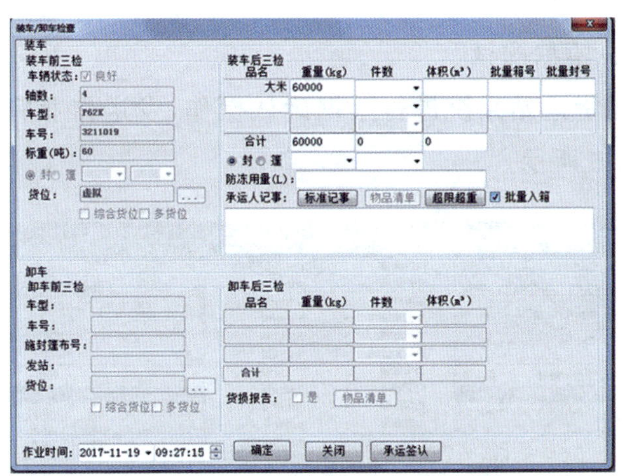

图 5-3-4　整车装车

7. 计费制单。

登录货票系统,进行计费制单,并根据实际作业补充有关记事(班列车次必填),如图 5-3-5 所示。

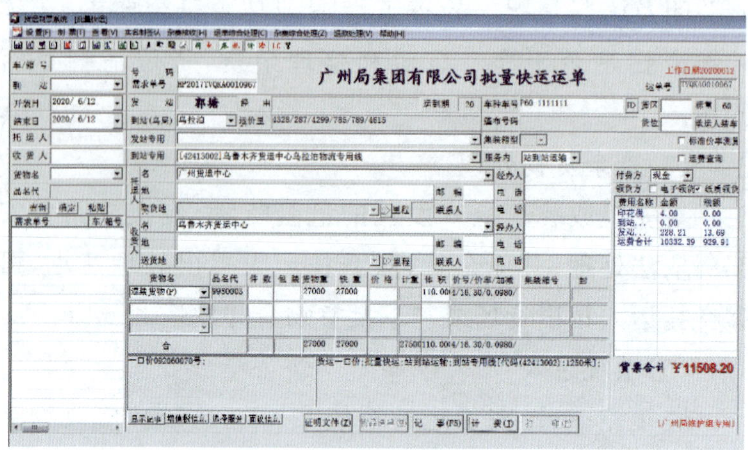

图 5-3-5　计费制单

8. 票据确认。

在货运站系统进行票据确认操作，发送作业完毕，如图 5-3-6 所示。

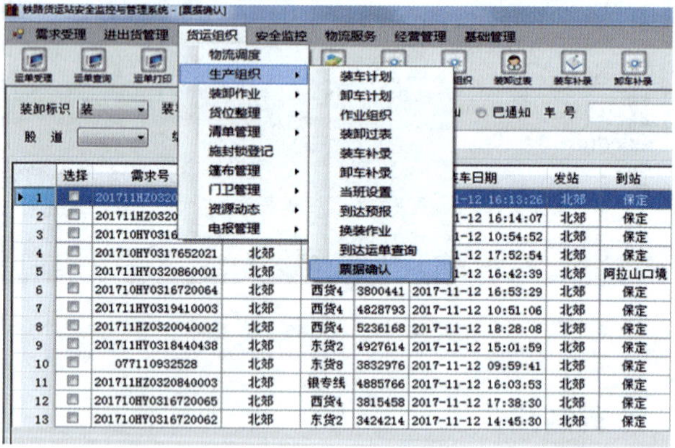

图 5-3-6　票据确认

第四节　班 列 安 全

一、概述

铁路货物班列运输安全管理应严格落实《中华人民共和国铁路法》《铁路安全管理条例》《铁路货物运输规程》《铁路集装箱运输规则》等法律法规、规章的规定。

二、班列安检规定

1. 安全检查。

(1)货运办理站在收货验货环节应进行安全检查,认真执行“看、闻、核、辨、验”五字安检工作法。

看:即查看货物包装标识。查看货物的外观形状、包装、标识是否和客户提报的品名相符,是否符合普通货物运输的条件。

闻:即凭嗅觉辨别货物。闻气味、听声音、定属性,确定是否为危险货物。对容易造成人体伤害的货物停止办理承运。

核:即核对货物的理化性质。货物运单、物品清单和快运需求单与货物进行实物核对是否一致,与危险货物品名表比对。无法辨别理化性质和不能提供鉴定证明的,不得受理承运。

辨:即过机辨别图像。对无法从外观和包装标识辨认的货物,通过安检仪的识别功能和积累的安检查危经验,辨别是否属于危险品。

验:即开包验货。对发现的可疑货物和无法过机检查的货物必须开包验证,防止夹带危险货物、匿报品名和货物漏检。

(2)安检方式分为过机检查、开包检查、目测检查三种。

目测检查仅限于原厂原包装、无包装等可以肉眼直接判定货物性质的。

对非原厂原包装、包装无标识货物必须过机检查或开包检查。

过机安检发现疑似危险货物和禁运品应开包检查确认;非原厂原包装或包装无标识货物,规格不适宜过机检查、无安检设备或设备故障时,应人工开包检查。

(3)托运人拒绝检查或检查发现不明性质货物且未能提供国家安全生产监督管理部门认定的检测机构出具的鉴定报告时,不得受理承运。

(4)强化对到达货物的安全检查。对发现到达货物与票据记载不符的,电告发站、发到局货运处;对发现为危险货物或违禁物品的,依法处置。

(5)重大庆典活动、特殊时期的安检查危工作按照相关规定另行要求。

(6)货运中心要建立安检查危登记和诚信记录制度。安检岗点应设立安检查危登记本,对货物的安检情况进行登记和签认;对日常检查发现的普通货物夹带危险品、危险品匿报品名的托运人做好登记,纳入不良诚信记录管理。

2. 集装箱货物安检。

(1)货运办理站应对站外装箱点的货源结构进行摸底排查,列出安检查危重点控制的装箱点。车间对重点控制的各装箱点每个月检查不少于3次。

(2)货运中心应督促站外装箱点安装使用视频监控设备,对安检作业、货物入箱进行全过程监控。

(3)批量零散货物入箱由装车站负责安检。站内装箱的,货运员应现场全过程监装。“门到门”“门到站”运输时,运量较大的托运企业,发站安排货运员到装箱作业现场监装;运量较小的托运企业,由装箱单位对装箱作业全程视频录像,进站时将监装记录、视频录像随箱交车站检查确认后装车。批量入箱“门到门”“门到站”运输的货物,车站应与托运人签订安全协议,明确货物品名、规格、包装、生产厂家、违约责任等内容。

3. 零散货物快运、混装货物安检查危特定要求。

(1)建立混装货物装车站审批制度。按照国铁集团“对零散货物快运和混装货物实行100%货物安全检查,进出货、安检查危、装卸车作业全过程进行视频记录”的要求,货运中心对需要办理混装货物运输的办理站提出需求,货运部对具备混装货物装车条件的办理站审批公布。

(2)对零散货物快运和混装货物实施托运安全承诺制度。

①客户在95306网上提报运输需求时,须对安全承

诺提示给予确认。

②营业厅受理零散货物快运时，办理站应要求托运人在零散货物快运需求单上准确填记货物的具体品名，签署“货物托运安全承诺书”。

③营业厅受理混装货物时，托运人除填记货物运单外，还应按批提交物品清单，审核后录入信息系统，签署“货物托运安全承诺书”，车站存查。

4. 严格货物的受理核对。

(1)受理货物运输时，须根据托运人(经办人)填写的姓名，与托运人(经办人)身份证进行核查。经核查一致的，将托运人(经办人)身份证号码填记在托运人记事栏内。

(2)受理人对零散货物快运货物品名和混装货物物品清单填记的货物品名，依据《危险货物品名表》进行查验核对。

5. 货物清点查验。外勤货运员按照信息系统确认的零散快运需求单、混装货物物品清单逐件清点查验货物。对危险货物、实货与清单品名不符的货物，不得进货。

6. 强化货物安检。

(1)办理站对零散货物快运和混装货物进行逐批安检，应按照托运人提交的混装货物运单、物品清单和零散货物快运需求单逐件检查，严格安检。

(2)对同品名、同规格、生产厂家原包装货物，应按批使用安检仪或人工开包方式进行抽检，抽检比例不得少于10%。对抽检的货物，货运站段应同托运人签订安全协议，协议中应明确货物品名、规格、包装、生产厂家、违约责任等内容。

(3)货物经过安检符合办理条件后，安检人员必须在有关单证(运单、物品清单、检斤验货"安检"登记本)签字或加盖带有站名、工号的安检章。经过安检的货物应在货物上粘贴带有站名、工号的安检标识，或在货物包装、标签上加盖带有站名、工号的安检戳记。

7. 落实监装制度。外勤货运员对安检通过的货物，对照零散货物快运货票和混装货物物品清单逐件核对，全过程监装(含托收货人自装)。发现危险货物、实货与清单品名不符的货物，不得装车。

8. 混装货物装车后在物品清单上填记装车日期和车号，并加盖车站承运日期戳和监装货运员名章。清单必须与实货一致，货物品名、包装、件数、体积、重量等内容填记应清楚规范。二次包装的货物应有托运人粘贴填记货物品名、重量、去向的标识。

9. 零散货物快运点对点运输和混装货物须在货场内装车。

货物混装时，货物的物理化学性质不得相抵触，异味、易腐等对其他货物有影响的货物不得混装。

经铁路局集团公司批准的按照普通货物条件运输的危险货物，仅限整车运输，不得办理零散货物快运和混装运输。

在不能保证货运安检质量和无法准确清点核对货物的情况下，严禁汽车向铁路货车对装零散货物、混装货物。

10. 特快货物班列执行混装货物安检的相关规定。

三、班列装载规定

特快货物班列运输的货物，使用25T型专用行李车装运，单件货物重量不得超过300 kg，托盘形式包装不得超过600 kg，全车装载重量不得超过23 t，带有宿营的车辆装载重量不得超过10 t。

快速货物班列运输的货物，使用PB或P65专用棚车，单件货物重量不得超过500 kg，以托盘等集装化方式运输货物的单件重量不得超过1000 kg。装载不超车辆标重（轴重不超18 t），编组不大于35辆（有特殊规定除外）。

中欧班列、快速集装箱班列使用集装箱平车和平车—集装箱共用车，车辆自重加载重不超84 t（轴重不大于21 t）。

四、班列人员规定

班列客户现场管理和作业人员必须听从铁路现场管理和监装人员的指挥，并配合铁路对所装货物品名、重量进行抽检。

五、班列甩车规定

快运货物班列在途中因危及行车安全等特殊情况发生甩车时，发生站要立即报告，并以电报形式通知发到站。对甩下的车辆，相关部门要加强配合，尽快处理完毕上线运行。

第六章　安全风险及管控措施

序号	安全风险	管控措施
1	班列晚点或取消计划	(1)确认装车计划后,站点需督促客户在15时30分前于“95306货运电子商务系统”中提报请求车,并确认提报请求车。 (2)严格按照协议的要求组织装车,确认后的装车计划,站点必须落实组织装车,不得落空。 (3)站点要掌握现场的存车情况,加强与运转部门联系沟通,在9时30分提报计划时需一并提报跨局车底的站存数量,下达开行确认计划后相关班列装车站点需统筹安排货位线路做好装车前的准备工作,并根据装车需求及时对接车站留车或申请配车等相关事宜。 (4)班列装车站点需指定站点主管或胜任人员提报计划和组织跟盯装车等相关事宜,并将联系人员名单及电话号码通过集团网信息互递至货运中心调度值班室和班列管理人员邮箱
2	运单信息填写不完整,导致错误运输、危及行车安全、发生货物损失	(1)制票时认真审核需求单内容和相关资料。 (2)发生漏填及时报告,采取补救措施

续上表

序号	安全风险	管控措施
3	集装箱装车后未落槽	(1)落实监装卸职责。 (2)装卸作业前组织召开车前会,强调作业重点,落实装卸作业“前三检”,装车前,确认锁头齐全,状态良好,处于工作位。 (3)落实装卸作业“后三检”,对作业质量验收检查,确认锁头完全入位、箱门处的集装箱专用平车门挡或共用平车端板立起,并签认“装卸作业单”,并对平车装集装箱落锁情况进行拍照
4	F-TR 锁平车卸车造成脱轨	(1)装卸作业前组织召开车前会,强调作业重点,落实装卸作业“前三检”,有集装箱专用平车(F-TR 锁)卸箱作业要作为重点作业,督促装卸人员执行点动试吊作业标准,确认箱、车完全分离后,再继续起升。 (2)集装箱角件孔与车辆角座连挂、卡死时,应立即停止,落箱后点动缓钩排除。起吊过程中负荷突然加大,应立即停车,通知辅助人员检查处理,严禁臆测起吊
5	集装箱装车后发生超偏载	(1)落实开箱检查和箱箱过磅制度,确保货物均衡装载、码放稳固。 (2)敞车装重箱时,执行居中装载并按规定放置集装箱草挡。使用敞车和平车装载 2 个 20 英尺箱时,两箱重量差分别不超过 3 t、5 t,使用 X 3K和 X 4K平车装箱时,按装车方案配装。 (3)认真监装,门吊吊装集装箱过程中,发现箱体倾斜,存在偏载偏重安全隐患时,必须组织检测复查,妥善处置。 (4)落实发站计量衡器和途中超偏载数据比对制度,严格管控站外汽车衡过衡质量,强化途中超偏载检测装置和轨道衡安全监控,加强超偏载信息的反馈与处置

续上表

序号	安全风险	管控措施
6	使用棚车装载货物，货物装载不良，挤压车门、车门脱槽	(1)认真检查车辆技术状态，严禁使用棚车车门存在脱落隐患等技术状态不良的车辆装运货物。 (2)开好车前会，布置清楚安全注意事项。 (3)加强监装卸检查，对货物装载进行指导，确保货物装载符合要求
7	装卸作业出现货物倒塌、坠落和侵限的情况影响货车发车	(1)装卸作业前，督促装卸工班安设带有脱轨器的红色防护信号进行防护。 (2)装卸作业安设的防护信号，除装卸作业工组外，其他人员无权撤除。 (3)对正在进行装卸作业的车辆办理中途调车时，须事先通知货运员，由货运员通知装卸工组，装卸工组接到通知后须停止作业，关好车门、车窗，人员、机具全部撤出限界，撤除防护信号，经货运员确认后，方可进行调车作业。 (4)作业完毕，必须由装卸工班撤除防护信号。 (5)加强防护信号安设、撤除作业的现场检查

第七章　典 型 案 例

一、案例 1:匿报品名

1. 案例概况

2018 年 5 月 24 日,甲站发丙站班列其中一个 40 英尺集装箱(箱号:TBJU7178411,车号:X 6BK 5250531)出现“冒烟”现象,在乙站扣车处理。

5 月 25 日零时左右,相关单位现场掏箱检查,发现装载在箱门口的货物,上部呈向内倾斜的状况,经检查门口处下层码放了 3～4 个高的配件,使用内用纸箱外用编织袋的包装,上层码放了 4～5 个高的消毒液和洁厕液,与运单和物品清单记载的货物品名不一致,两种货物的外包装均为纸箱,因外包装纸箱和瓶身塑料较软且瓶盖拧紧不牢,内装的其他货物品种较多,包装不一,堆码不整齐,箱容有空隙,受列车运行过程中各种力的影响,箱门口上层的货物向箱内倾斜,部分消毒液和洁厕液被压破,经清点消毒液被压破了 67 瓶,洁厕液被压破了 68 瓶,距离箱门处 1～1.5 m 的箱地板上有不同程度的湿痕,湿痕处并有少量冒泡。卸空箱后,箱内壁没有被烟熏黑的痕迹。

该箱由某公司托运,于 5 月 22 日 16 时 20 分由汽车运输进站，由司机提供物品清单给外勤安检货运员。16时30分货运员核对箱号，利用手推车开箱检查货物装箱情况，近距离目视安检，箱门处货物装载比较齐整，货物外包装上没有危险货物标志，并拍摄开箱检查照片，共6张，检查完毕后，登记安检查危台账。18时5分货运员审核装箱过程照片(装箱过程照片共7张)、物品清单、过磅单，18时10分通知车间货运核算员进行制票，箱管系统同步操作。该箱约18时30分开始装车作业，整批次约19时0分装车完毕。装车完毕后当班值班员对集装箱装载情况及FTR锁入位情况进行检查确认，打钩拍照。21时10分挂出，5月23日2时10分编入某次货物列车出发。

2. 原因分析

(1)托运人匿报品名。托运人未提供真实装箱物品清单，匿报货物品名装箱运输。

(2)收箱货运员工作不仔细、敏感性不强，违反铁路局集团公司货运安检查危规章。一是开箱安检不仔细。现场收箱货运员依照托运人提供的物品清单对箱内货物进行检查时，发现箱门口码放的印有“洗洁精”字样纸箱，虽与物品清单不符，但认为该纸箱包装完整、标识清晰、品名清楚且未见危险货物警示标识、警示性字样，未对该种货物进行开包检查，亦未能发现纸箱内瓶装货物上的“注意事项”提示，侥幸认为货物运输不具有危险性。二是审核相应资料不仔细。对清单品名无“洗洁精”字样，而装箱过程照片(全开门一张)明显有纸箱包装“洗洁精”

货物的这一情况，在审核比对清单品名与装箱过程照片时，未核查出实装箱品名与清单不符，亦未进一步核实物品的性质。

二、案例 2：车门捆绑加固不到位

1. 案例概况

2015 年 7 月 24 日 15 时 31 分 X104 次列车运行至甲站通过时，车站发现机后第 6 位（车号 XL206872、空车）运行方向左侧车门打开，15 时 37 分拦停在前方乙站，15 时 45 分处理完毕开车，耽误本列运行 8 min。

2. 原因分析

XL206872 两侧车门捆绑加固不到位，未按要求对锁孔及插销用铁线进行捆绑，致使车门在运行途中打开，违反《铁路货物运输管理规章》第十四条，装车后没认真检查车辆加固是否符合规定。

三、案例 3：箱体质量安全案例

1. 案例概况

2019 年，甲站装运的中欧班列自备集装箱屡次发生被国外铁路发现集装箱底部支撑梁断裂等危及行车安全的问题，被国外铁路扣箱处理。

2. 原因分析

(1)中欧班列客户考虑发往国外的集装箱不回送国内，普遍使用接近报废的自备箱装运中欧班列货物。

(2)甲站在集装箱进站交接检查时没有严格执行《通

用集装箱在铁路车站检查的技术要求》相关规定,对发现非容许破损的集装箱没有严格要求客户换箱处理。

(3)中欧班列托运人安全意识淡薄,没有对箱体质量进行有效卡控。

附　　录

附录 1

广州局集团公司货物班列运输项目立项表

项目编号：

<table>
<tr><td rowspan="3">基本情况</td><td>实施单位</td><td></td><td>运行速度</td><td></td><td>发站现有班列</td><td></td></tr>
<tr><td>发站</td><td></td><td>到站(局)</td><td></td><td>发到站间公里</td><td></td></tr>
<tr><td>主要品名</td><td></td><td>预计运量(t)/年</td><td></td><td>预计列收入(万元)/年</td><td></td></tr>
<tr><td rowspan="3">项目背景</td><td>企业客户基本概况</td><td colspan="5">注明:主要发货人名称、联系方式、目前运输方式。</td></tr>
<tr><td>货源基本情况</td><td colspan="5">注明:货源的主要产地(工厂、市场)、目前运输方式和时效</td></tr>
<tr><td>铁路运输现状</td><td colspan="5">目前方向别有无其他班列开行</td></tr>
<tr><td rowspan="6">客户需求</td><td>时效</td><td colspan="5"></td></tr>
<tr><td>价格</td><td colspan="5"></td></tr>
<tr><td>开行周期</td><td colspan="5"></td></tr>
<tr><td>装卸情况</td><td colspan="5"></td></tr>
<tr><td>预期运量</td><td colspan="5"></td></tr>
<tr><td>其他</td><td colspan="5"></td></tr>
<tr><td rowspan="4">货运中心意见</td><td>可行性意见</td><td colspan="5"></td></tr>
<tr><td>存在问题</td><td colspan="5"></td></tr>
<tr><td>处理方案及建议</td><td colspan="5"></td></tr>
<tr><td>项目负责人(签名、联系方式)</td><td colspan="5"></td></tr>
<tr><td colspan="2">运输站段意见(签名)</td><td colspan="5"></td></tr>
<tr><td rowspan="2">审核意见</td><td>受理中心意见(签名、联系方式)</td><td colspan="5"></td></tr>
<tr><td>货运部意见(签名)</td><td colspan="5"></td></tr>
</table>

附录 2

货物班列开行计划表

序号	车次	始发站	到达站	开行计划	停开原因
1					
2					
3					
4					
5					
6					
7					
8					
9					
10					
11					
12					
13					
14					
15					
16					
17					
18					
19					
20					
21					
22					
23					
24					
25					

说明：1. 统计范围：上报开行计划表的当日 18 时—次日 18 时预计开行的图定、临时加开班列；
2. “开行计划”栏填写各次班列是否开行，填记“开”或“不开”；
3. “停开原因”栏简要填写班列不开行的原因，如“开行周期×列/周、设备故障”等；
4. 每日 16 时前信息互递至货运受理服务中心邮箱。

附录 3

知识要点练习

一、单选题

1. 根据运输速度和技术要求，在快速货物班列中使用的 P_B、P_{65} 型及其他车型货车每车限装 40 t 时，整车按(　　)计费，批量快运按有关规定执行。

A. 该车型标重　　B. 40 t

C. 45 t　　D. 70 t

2. 对军事运输、超限、超重和限速运行的货物，危险货物、理化性质不明的化工产品以及(　　)，不得纳入班列运输。

A. 烟　　B. 棉花

C. 食用盐　　D. 国家禁止运输的货物

3. 快速货物班列使用符合最高运行速度(　　)开行技术标准的货车编组。

A. 60 km/h　　B. 80 km/h

C. 120 km/h　　D. 160 km/h

4. 快速班列运输单件货物重量不超过(　　)kg。以托盘等集装化方式运输单件货物重量不超过(　　)kg。

A. 100　500　　B. 500　1 000

C. 300　1 000　　D. 500　800

5. 快运货物班列是指在固定发到站间、有固定车次和运行线、明确的开行周期和运行时刻，按(　　)模式开行的货物列车。

A. 特快列车　　B. 快速列车

C. 客车化　　D. 行包快运

6. 为了适应铁路向现代物流转型发展的需要，探索开行(　　)的集装箱班列。

A. 高密度、小编组、客车化

B. 高密度、大编组、客车化

C. 小密度、大编组、客车化

D. 高密度、小编组

7. 环线快运是指以(　　)模式开行的货物快运列车装运零散货物的装运方式。

A. 客车化模式　　B. 集装化模式

C. 一站直达形式　　D. 班列形式

二、多选题

1. 中欧班列按货源和出境口岸不同，分西中东三个通道组织开行。西部通道班列，主要吸引中西部地区与欧洲间的进出口货源，经(　　)、兰新等干线运输，从阿拉山口(霍尔果斯)出入境。中部通道班列，主要吸引华北、华中地区与欧洲间的进出口货源，经(　　)、集二等干线运输，从二连口岸出入境。东部通道班列，主要吸引华东和华南沿海、东北地区与欧洲间的进出口货源，经(　　)、哈大等干线运输，从满洲里口岸出入境。

A. 京九　　B. 京沪

C. 京广　　D. 陇海

2. 中欧班列是指经阿拉山口、霍尔果斯、(　　)口岸出入境，在中国与欧洲国家间开行，固定发到站、固定车次和运行线，明确开行周期和全程运行时刻，按快运货物班列模式组织开行的集装箱国际联运货物列车。

A. 二连　　　　　　　　B. 新义州

C. 满洲里　　　　　　　D. 二连浩特

3.（　　）、危险货物等不得纳入快运货物班列运输。

A. 军事运输　　　　　　B. 超限货物

C. 超重货物　　　　　　D. 限速运行货物

E. 鲜活货物

4. 集团公司调度所应对带有班列产品标识的订车优先安排，并按以下顺序办理：（　　）（　　）（　　）。

A. 远距离班列　　　　　B. 重点班列

C. 往返班列

5. 快运货物班列按照速度等级分为（　　）班列。

A. 特快　　　　　　　　B. 直快

C. 快速　　　　　　　　D. 普快

E. 特需

6. 快运货物班列开行方案包括班列种类、（　　）、开行周期、发到运行时刻等。

A. 装卸车站　　　　　　B. 发到技术站

C. 车次　　　　　　　　D. 编组内容

E. 运行径路

7. 快运货物班列开行方案编制（　　），统筹需求、能力、效率、效益等要素，坚持运输集中统一指挥、管内服从跨局、总体效益最优的原则。

A. 以市场需求为导向　　B. 以提质增效为目标

C. 以运力保证为基础　　D. 以经济效益为目的

8. 下列情况发站在货物运单内注明，运价里程按实际经由计算(　　)。

A. 因货物性质(如鲜活货物、超限货物等)必须绕路运输时

B. 因自然灾害或其他非铁路责任，托运人要求绕路运输时

C. 属于五定班列运输的货物，按班列经路运输时

D. 危险货物运输时，按实际运行径路计费

9. 铁路快运货物班列是指(　　)按客车化模式组织开行的货物列车。

A. 固定发到站

B. 固定运行线

C. 固定车次

D. 固定开行周期和运行时刻

10. 对运输时效要求较高的行李包裹、零散快运货物，适宜采用的运输方式包括(　　)等。

A. 高铁行包　　B. 货物快运货物班列

C. 集装箱　　D. 特快班列

三、判断题

1. 快速货物班列的列车运行等级应高于普通旅客列车。(　　)

2. 快速班列使用符合最高运行速度 120 km/h 开行技术标准的货车编组；普快班列使用普通货车标尺运行的普通货车编组。(　　)

3. 散堆装大宗货物不纳入快运货物班列运输。(　　)

4. 快运货物班列原则上不得迂回和停限装,遇特殊情况报集团货运部批准。(　　)

5. 快运货物班列除方案有明确规定外,不允许补轴,快运货物班列应严格按照方案组织开行。(　　)

6. 快运货物班列不可以进行混装,严禁匿报和夹带危险货物,装载加固方案按铁路有关规定办理。(　　)

四、问答题

1. 什么是快运货物班列?

2. 列车按运输性质分类顺序是如何规定的?

参考答案

一、单选题

1. B　2. D　3. C　4. B　5. C　6. A　7. A

二、多选题

1. DCB　2. AC　3. ABCD　4. BCA　5. ACD　6. ABCDE　7. ABC　8. ABC　9. ABCD　10. AB

三、判断题

1. ×　2. √　3. ×　4. ×　5. ×　6. ×

四、问答题

1. 快运货物班列是指在固定发到站间、有固定车次和运行线、明确的开行周期和运行时刻，按客车化模式组织开行的货物列车。

2. 按运输性质分类顺序如下：(1)旅客列车(动车组列车，特快、快速、普通旅客列车)；(2)特快货物班列；(3)军用列车；(4)货物列车(快速货物班列、快运、重载、直达、直通、冷藏、自备车、区段、摘挂、超限及小运转列车)；(5)路用列车。